BEI GRIN MACHT SICH IHR WISSEN BEZAHLT

- Wir veröffentlichen Ihre Hausarbeit,
  Bachelor- und Masterarbeit

- Ihr eigenes eBook und Buch -
  weltweit in allen wichtigen Shops

- Verdienen Sie an jedem Verkauf

Jetzt bei www.GRIN.com hochladen
und kostenlos publizieren

Konzeption eines qualitativen Interviewleitfadens. Gütekriterien der qualitativen Forschung

Eloy Veit

Bibliografische Information der Deutschen Nationalbibliothek:

Die Deutsche Nationalbibliothek verzeichnet diese Publikation in der Deutschen Nationalbibliografie; detaillierte bibliografische Daten sind im Internet über http://dnb.d-nb.de abrufbar.

ISBN: 9783346764232
Dieses Buch ist auch als E-Book erhältlich.

Das Buch bei GRIN: https://www.grin.com/document/1293237

Einsendeaufgaben

Bearbeitung des Themenkataloges

Modul: Wissenschaftliches Arbeiten- (Vertiefung I)

Studiengang: Wirtschaftspsychologie

Abgabe erfolgte am 4.7. 2020

Eloy Benjamin Veit

Wirtschaftspsychologie B.Sc.

Inhaltsverzeichnis

Abkürzungsverzeichnis

a. a. O.	am angegebenen Ort
Abb.	Abbildung
Aufl.	Auflage
Bd.	Band
Bde.	Bände
Diss.	Dissertation
ebd.	ebenda
et al.	und andere
f.	folgende Seite
ff.	folgende Seiten
Hrsg.	Herausgeber
Jg.	Jahrgang
o. J.	ohne Jahr
o. O.	ohne Ort
o. V.	ohne Verfasser
o. S.	ohne Seite
S. P.	Sensible Phase
vgl.	vergleiche
ggf.	gegebenen falls
z.b.	Zum Beispiel
bsph.	beispielshalber
AMA	American Marketing Association
QMS	Qualität Management System
e.q.I.	evaluativen qualitative Inhaltsanalyse
i.s.q.I	inhaltlich strukturierenden qualitative Inhaltsanalyse

Tabellenverzeichnis

Tab. 1 Quelle: Matthes 2005 enthalten in der Aufgabenstellung der SRH.

Tab. 2 Quelle: eigene Darstellung in Anlehnung an Vogt, S. und Wagner, M. S.71.

Tab. 3 Quelle: eigene Darstellung in Anlehnung an Döring 3. Kapitel 3.2- 3.3 Absatz.

Alternative A

A1 Konzeption eines qualitativen Interviewleitfadens 5-7 Seiten

Charakteristiken und Ablauf der qualitativen Inhaltsanalyse

Bei der Konstruktion von einem qualitativen Interviewleitfaden, gilt es prinzipiell ein paar Fallstricke zu beachten, wenn die Vorab Planung der Datenerhebung- selbiges gilt für das Interview an sich, eine genügende Empirische Güte aufweisen soll. So kann manch einer, leider schon bei der Planungsphase seinen Grenzen gewahr werden, Bsp.. hierfür ist ua. die prinzipielle Wahl des Untersuchungsdesigns. Bei diesem Ersten Schritt zur Planung, unterscheidet man grob neun Verschiedene Klassifikationsarten, welche wiederum alle ihre spezifischen Vor-, und Nachteile beinhalten, so Döring und Bortz[1]. Im Rahmen dieser Arbeit wird vorerst, lediglich auf die sich im wissenschaftstheoretischen Bereich befindende qualitative Studie (qualitative study) eingegangen. Welche Mayring mit folgenden Charakteristiken umschreibt „Der qualitativen Inhaltsanalyse geht es darum, die Grundform des Interpretierens von Text mit inhaltsanalytischen Regeln beschreibbar und überprüfbar werden zu lassen. Sind mit diesen Verfahren Zuordnungen von Kategorien zum Textmaterial regelgeleitet vorgenommen worden, so lassen sie sich gegebenenfalls quantitativ (Kategorienhäufigkeiten in bestimmten Textsegmenten) weiterverarbeiten[2]." Anders als beim quantitativen Vorgehen, arbeitet die qualitative Inhaltsanalyse mit offenen Fragen, welche den Befragten viel Spielraum beim Antworten, sowie der Berücksichtigung der jeweiligen Interaktionen zwischen Befragten und Interviewer einräumt. Dies beinhaltet den Vorteil, dass Befragte sich auf verschiedenste Art äußern können, was sowohl die Kategorienbildung wie auch den Untersuchungsablauf an sich, also die Annahmen und Instrumente zu einem dynamischen Prozess werden lässt, welcher sogar bis in die Codierungsphase nicht als abgeschlossen gilt. In der Forschung bezeichnet man dieses Phänomen als Emergente Flexibilität[3]. Bei der Grundlegenden Konzeption einer qualitativen Inhaltsanalyse, unterscheidet Kuckartz in fünf verschiedene Phasen des Vorgehens[4]:

---

[1] Vgl. Döring, N. Bortz, J. (2016), 7. Kapitel 1. Absatz
[2] Mayring (2010), S. 602
[3] Vgl. Bortz, J. Döring, N. (2006), S.309; Hussy, W. Schreier, M. Echterhoff, G. (2013), S.191
[4] Vgl. Kuckartz, U. (2014), S.49-52

In der Planungsphase kommt es zur Formulierung der Forschungsfrage, welche bei der qualitativen Inhaltsanalyse der oben genannten Emergente Flexibilität einher fällt. In selbiger geht auch die Bildung von ersten Hypothesen einher, obwohl es in diesem Fall nicht zwingend notwendig ist. In der Entwicklungsphase kommt es idr. zur Bildung eines Kategoriensystems, welches von Hussy et al. als Kern der Inhaltsanalyse betitelt wird, da hier alle relevanten Textbedeutungen zusammengefasst werden um codier Regeln fest zu legen, welche eine Verbindung zu den Items schaffen[5]. In der Testphase kann ein Pretest stattfinden, um zu prüfen ob mehrere Codierer zu den gleichen Ergebnissen kommen. In der eigentlichen Codier Phase kommt es zumindest bei einer Indikativen Kategorienbildung zur Auswertung des ges. Daten Materials, sowie Verteilung, um Fehler und Abweichungen auf zu decken. Dabei geschieht diese eher hermeneutisch-interpretativ wobei das ges. Datenmaterial auch nach Benutzung noch relevant bleibt. Letztlich wird in der Auswertungsphase die Durch die inhaltliche Analyse gewonnen Daten Statistisch ausgewertet, wobei die Statistische Daten auch eine Nebenrolle einnehmen können oder sogar ganz entfallen dürfen[6].

Gestaltung des Fragenkataloges und Erörterung der Konzeption

Für die Erstellung des Interviewleitfadens, welchem die Aufgabe, der Messung des Konstruktes Orientierungsbedürfnis der befragten zukommt, orientiert sich diese Arbeit an dem von Matthes 2005 vorgefertigten Instrumenten[7]:

---

[5] Vgl. Hussy, W. et al. (2013), S. 256
[6] Vgl. Kuckartz, U. (2014), S.49-52
[7] Matthes (2005)

Dimensionen	Indikatoren
Orientierungsbedürfnis nach Themen	*grundsätzliches Informationsbedürfnis über neue Entwicklungen *subjektive Wichtigkeit, aktuelle Themen regelmäßig zu verfolgen *Bedürfnis nach täglichen Informationen zu aktuellen Themen
Orientierungsbedürfnis nach Fakten	*Information über unterschiedliche Sichtweisen zu diesem Thema. *Wunsch nach ausgiebigen Einzelheiten zum Thema *Erwartung nach detaillierten Hintergrundinformationen
Orientierungsbedürfnis nach Bewertungen	*individuelle Relevanz für Kommentare zu diesem Thema *Relevanz journalistischer Äußerungen zu diesem Thema *ausführliche Darlegung der Meinung von Journalisten

Tab. 1 Quelle: Matthes 2005

Das wir das Konstrukt einfach so von Matthes übernehmen können, ist ein in der Forschungsrealität selten vorkommender Fall, der uns einen Großteil der Operationalisierung, welchen u.a. auch die dimensionale Analyse inkludiert erspart. Anders als bei der evaluativen qualitativen Inhaltsanalyse (e.q.I), gilt es bei der inhaltlich strukturierenden qualitativen Inhaltsanalyse (i.s.q.I)- in mehrerer Hinsicht zu unterscheiden, so werden die Auswertungskategorien u.a. durch die Textinhalte der Themen und Unterthemen generiert, da die Hauptthemen mehr oder weniger in Ableitung aus der Forschungsfrage zu generieren sind, welche wie oben erwähnt lautet: Wie kann man das Orientierungsbedürfnis der Befragten Messen[8]. Der bei der i.s.q.I dieser Fall angewandte Prozess der Deduktiven Kategorienbildung ist insofern von Nöten, da wir bisher noch keine Forschungsdaten zur Evaluation erheben konnten, welch uns ein induktives vorgehen ermöglichen. Mit einem anschaulichen Bsp. beschreiben Vogt und

---

[8] Vgl. Kuckartz, U. (2014), S. 79

Werner den Prozess der deduktiven Kategorie Bildung, nach welchem Kategorien als Schubladen für Antworten zu betrachten sind, welche der Forschende auf Grund des sich angeeignetem Wissen-welches er in Form von Theorien, Studien und bestehender Empirie erworben hat, zu füllen vermag. Ferner verweisen die beiden auf die Wichtigkeit der deduktiven Kategorien bei der Entwicklung des Leitfadens, sowie der Auswertung erhobener Daten[9]. Um die korrekte Zuordnung der Kategorien, hin zu den Items zu gewährleisten, benötigt der Forschende im weiteren Verlauf, neben der bloßen Kategorie Bezeichnung noch spezifische Regeln, welche es ihm ermöglichen, die Textstellen einer Bestimmten Kategorie hin zu untergliedern. Hierfür benötigen die Kategorien genaue Definitionen, welche mit Ankerbeispielen gedeckt werden, das Aufstellen der Codier Regeln ist ebenfalls fundamental, da diese nichts anderes Enthalten als die Aspekte welch eine Textstelle enthalten muss, um einer gewissen Kategorie entsprechen zu dürfen[10]. Jedoch gibt es nah Kuckartz Dresing, Rädiker und Stefer auch Kategorien, welche nicht zwingend einer Codierung unterführt werden müssen, diese sind dann in der Regel Selbsterklärend. Er empfiehlt bei der Kategorisierung auf folgende Aspekte zu Achten. So sollten diese, um zu umfangreichen Ergebnissen zu gelangen, weder zu feingliedrig noch zu umfangreich gestaltet sein. Es empfiehlt sich außerdem durch das Aufstellen von Codier Regeln, eine gewisse Trennschärfe der Kategorien zu fördern. Ferner sollten die einzelnen Kategorien immer einen Bezug zur Fragestellung und den Forschungszielen aufweisen, gerade im späteren Verlauf der induktiven Datenerhebung dieser mehrere Interviews zur Prüfung herangezogen werden[11].

Begründung und Gestaltung der Auswahl der Fragen im Interviewleitfaden

Der Quantitative Aspekt des Interviewleitfadens, also die Anzahl an Fragen wurde auf ein Minimum reduziert, welches in diesem Fall neun Fragen darstellt, um die Kooperationsbereitschaft der Versuchspartner nicht zu strapazieren auch wenn z.T. darauf verwiesen wird, eher zu viel als zu wenig bei entstandener Chance zu fragen[12]. Die Gestaltung der einzelnen Fragen kann in der dafür vorgesehenen Literatur, auf dafür vorgesehene grundlegende Gestaltungsmuster zurückverfolgt werden. Söckefeld

---

[9] Vgl. Vogt, S. Werner, M. (2014), S.23
[10] Vgl. ebd. (2014), S. 510-511
[11] Vgl. Kuckartz, U, Dresing, T. Rädiker, S. Stefer, C. (2008), S. 36-38
[12] Vgl. Weller, S. (1998), S. 376

verweist darauf, dass die Fragen grundsätzlich auf zwei Arten gestellt werden können, welche sind 1) geschlossene Fragen 2) offene Fragen, auf welche eine prinzipielle Begrenzung anhand der in Fragekommenden Antwortmöglichkeiten Möglichkeiten stattfindet. Ersteres findet seine Anwendung ua. in der Frage nach dem Geschlecht (M/W/D), letzteres kann die Frage nach dem Ort der Geburt Darstellen, diese Frage kann zwar auch als bedingt begrenzt angesehen werden, jedoch ist dies im Verhältnis der Sinnstiftung zu betrachten und somit als offen zu betrachten[13]. Bei der Gestaltung der Fragen wurde auf folgende Aspekte wertgelegt[14]. Im Rahmen der hier angewandten unstandardisierten Erhebung kommen größten Teils offene Fragen zum Einsatz, um individuelle antworten zu garantieren[15].

Die Fragen an sich sind möglichst einfach gehalten, was dem Forschenden ua. einen Verzicht auf dem Interviewpartner wahrscheinlich unbekannte Fachtermini wie auch Fremdwörter, welche seine Sprachlichen oder Kognitiven Fähigkeiten übersteigen könnten, nahelegt. Auch kommt es bei den Fragen nicht zu suggestiver Beeinflussung z.b. durch Doppel Verneinung, hypothetischer Formulierung, Verallgemeinerungen, Subsumierung von Sachverhalten oder ähnlichen Beeinflussungstechniken[16]. Die Fragen sind demnach alle eindeutig, so kurz wie möglich gehalten, decken immer nur einen Konkreten Fragenbereich ab, auch sollten die Fragen im Anhang niemanden überfordern. Um das Antwortspektrum der der Ja/ Nein Fragen zu umgehen wurden die Fragen um die von Kursen erwähnten Gestaltungskriterien erweitert. Dies meint u.a. die Benutzung von textgenerierenden Fragen, aufrechterhaltenden Fragen, Weiche Fragen sowie Prozessorientierte Fragen und Abtönungspartikel. Provokative Fragen finden in diesem Interviewleitfaden keine vorsätzliche Berücksichtigung[17]. Ein Konkretes Beispiel finden wir bsph. In der Gestaltung der Frage 2 innerhalb der ersten Dimension diese lautet Für was für Themen interessieren sie sich denn? Bitte priorisieren sie diese? Zu beachten ist, dass die Forderung nach Präzisierung, lediglich gestellt wird, wenn in die Tiefe gegriffen werden muss, um das Item subjektive Wichtigkeit vollends zu erfassen.

---

[13] Vgl. Sökefeld, M. S. 102-103
[14] Vgl. Schnell, R. Hill, P. Esser, E. (1999), S. 309-312
[15] Vgl. Hussy, W. et al. S. (2013), S.74; Bortz, J. Döring, N. (2008), S. 309
[16] Döring, N. (2016), 10. Kapitel 58. Absatz in Tab. Regeln zur Formulierung von Fragen für qual.-Befr.
[17] Vgl. Kruse, J. (2014), S. 222; Bacher, J. Howarth, I. (2011), S. 46

Qualitative Stichprobe „Sampling"

Unter einem Sample einer Stichprobe verstehen Halb Mayer und Salat die Auswahl der zu Untersuchenden Fälle einer Grundgesamtheit, welche man im Rahmen der qualitativen Erhebung eher als Forschungsfeld bezeichnet[18]. Zuerst sei an dieser Stelle auf den Forschungsökonomischen Kontext verwiesen, welcher maßgeblich bei der Gestaltung des Stichprobendesigns mitbestimmt. So werden anders als bei einem quantitativen Design, bei der qualitativen Stichprobe meist eine Überschaubare Anzahl an Daten evaluiert. Da es bei wenigen Daten keinen Sinn macht seine Stichproben aus einem Unbekannten Feld zu ziehen, kommt so Glaser und Strauss hier die bewusste bzw. absichtsvolle Auswahl von Fällen zum Einsatz, Da Vollerhebungen meist zu aufwendig sind Unterscheidet man durch die Teilerhebung in drei Ansätze 1) Die Theoretische Stichprobe 2) Die Fallauswahlgemäß einem qualitativen Stichprobenplan sowie 3) Der gezielten Auswahl von Fällen[19]. Döring beschreibt das Ziel einer Stichprobe darin, eine auf Interpretation beruhende, detaillierte Rekonstruktion jedes einzelnen Falles zu liefern[20]. Da wir in unserem Untersuchungsdesign bereits einen gewissen Informationsgehalt über die zu untersuchenden Personen haben, durch die Zielgruppendefinition, kann man hier eine deduktive Stichprobenziehung anwenden auch Inspektion genannt. Dabei kommen verschiede Vorteile zum Tragen, zb. jener das man gezielt Personen auswählen kann, welche zum Stichprobenplan, sowie dem Prinzip der Varianzen Maximierung- erstrebt durch Heterogenität, am ehesten naheliegen[21].

Der Leitfaden

Dieser dient nach Mayerhofer jenen Aspekten des Forschungsthemas, welche nach Möglichkeit zur Sprache kommen sollen, wobei er gleichzeitig ein dafür Sorge trägt, keinen dieser zu vernachlässigen gleichzeitig jedoch die Aspekte in Stichpunkten oder Fragevorschlägen eine Zusammenstellung zu geben. Wobei die Fragenformulierung wie auch die Reihenfolge der zu erfragenden Items dem Forschenden, unter oben erwähnte Einhaltung der gegebenen Bedingungen freisteht[22].Das angestrebte Untersuchungsdesign ist ein Halbstrukturiertes Interview, welches sich dem Instrument eines

---

[18] Vgl. Habmayer, E. Salat, J. (2011), S.1
[19] Vgl. Glaser, B. G. Strauss, A. L. (1999), S.244-246
[20] Vgl. Döring, N. (2014), S. 1492
[21] Vgl. Merkens (1997), S.98
[22] Vgl. Mayerhofer, S.6

Interviewleitfadens bedient. Dazu stellt es wie oben bereits angeführt bis auf wenige Ausnahmen, offene Fragen, welche von den Veruchspartnern möglichst selbständig beantwortet werden sollen, um eine große Fülle an auszuwertenden Daten zu generieren. Auch wenn es eine gewisse Formale Struktur gibt, welche eine solche Befragung in formale Phasen untergliedert, können dennoch einzelne Fragen bei Bedarf vorgezogen oder nach hinten verschoben werden so Döring und Bortz[23]. Die Formale Struktur gliedert sich nach Reinhardt und Ornau, sowie Bacher und Howarth in eine Begrüßungsphase, in welcher allgemeine Informationen über den Ablauf und die Zielsetzung des Interviews besprochen werden. Dem folgend der formale Teil, in welchem Namen, Alter, Ort und Datum, Beginn und Ende des Gesprächs erfasst, als auch Dienstalter, Geschlecht und falls gegeben aktuelle Position im Unternehmen schriftlich festgehalten werden. Im Speziellen Teil des Interviews, kommen nun die durch die oben erwähnte Ableitung erstellte Fragen zum Tragen. Im Schlussteil können die Interviewer dann noch einmal auf spezielle, bisher nicht angesprochene Themenbereiche aufmerksam machen. Ist dies getan, folgt eine Danksagung sowie die bitte um Einverständnis zur Evaluation der Datensätze, welche auch die weitere Konnotation der Erhebung beinhaltet[24].

Aufbau einer Empirischen Arbeit[25]:

---

[23] Vgl. Döring, N. Bortz, J. (2016), 10. Kapitel 3. Absatz
[24] Vgl. Reinhardt, R. Ornau, F. (2015), 4. Kapitel 4.3. Absatz; Bacher, J. Howarth, I. (2011) S. 46
[25] Vgl. Vogt, S. Werner, M. (2014), S.71

I. Einleitung	Erörterung Thematischen Relevanz .
II. Theoretischer Rahmen	Aktueller Forschungsstand sowie Anknüpfungspunkt des Themas.
III. Empirischer Teil	Herzstück der Arbeit, Erörterung des Vorgehens.
a. Methodisches Vorgehen	Methodisches Vorgehen
b. Ergebnisdarstellung	Darstellung der Ergebnisse anhand der einzelnen Kategorien im Hinblick auf die einzelnen Fragestellungen.
c. Deutung und Diskussion der Erg.	Zusammenführung der Ergebnisse der einzelnen Kategorien, Verknüpfung der Ergebnisse mit dem II: Theoretischen Rahmen, Diskussion der Ergebnisse im Hinblick auf die Fragestellungen aus III. C.
IV. Schlussbetrachtung/ Fazit	Zusammenfassung der Hauptkategorien in wenige Sätze Rückblick, Kritische Reflektion.

Tab. 2 Quelle: eigene Darstellung in Anlehnung an Vogt, S. und Wagner, M. S.71

A2 (20 Punkte, Umfang: ca. 2-4 Seiten)

Erörterung was unter der Transkription qualitativer Interviews zu verstehen ist. Hierbei wird auf die Notwendigkeit der Transkription im historischen Kontext der psychologischen und sozialwissenschaftlichen Forschung eingegangen. Darstellung der typischen Transkriptionsregeln für die Verschriftlichung von Interviews.

Begriffserklärung Transkription und deren Anwendung

Hussey et al. definiert Transkription folgend: „Datenmaterial zu transkribieren bedeutet, es von einer auditiven in eine schriftliche Form zu überführen. Zu transkribieren sind also beispielsweise Interviews, Gruppen- Diskussionen oder auch natürliche Gespräche, die zum Zweck der Datenerhebung aufgezeichnet wurden. Die **Transkription** ist zwar aufwändig, für eine systematische Auswertung aber unverzichtbar"[26].Grob gliedert sich diese in drei Phasen 1) Aufbereitung 2) Analyse und 3) Systematisierung. Dabei hängen

---

[26] Hussy, W. et al. (2013), S. 246

nach Döring et al. die jeweiligen Arbeitsschritte, ihm Rahmen der Aufbereitung des Rohmaterials einer qualitativen Studie zu vollziehen sind, von verschiedenen Faktoren des Projektes ab, diese sind z.b. Art der Daten, Größe des Forschungsprojektes. Auch wichtig ist es ob die Daten Manuell oder Computergestützte Transkription erfahren[27]. Ein besonderer Stellenwert hält hier das Verfahren der qualitativen Inhaltsanalyse, so Mayring, welches als Ziel die Reduktion des Interviewmaterials unter Erhaltung priorisierter Inhalte hat. Das Übergeordnete Ziel ist die Herausfilterung einer bestimmten Struktur, um die Bildung eines angemessenen Kategoriensystems zu garantieren[28]. Die Optimale Vorbereitung des Materials, kann in sieben von Kuckartz festgelegten Arbeitsschritten erfolgen. So kommt es im ersten Arbeitsschritt zur Festlegung der Transkriptionsregeln wie auch der Entscheidung hin zu einem der Analyse angemessenem Transkriptionssystem. Im zweiten Schritt wird der Text transkribiert. An Dritter Stelle steht das Korrekturlesen und ggf. angleichen von erwartenden Parametern. Im Vierten Schritt kommt es zur Anonymisierung der Daten, fanden alle Daten durch ihre Transkription, im Schritt fünf werden die Daten formatiert, um die Möglichkeiten eines QDA-Programms optimal zu nutzen. Im Sechsten Schritt finden die Daten als RTF- oder DOC/X-Datei eine Archivierung bevor sie letztlich in Schritt sieben In die QDA-Software (Qualitative Data Analysis), importiert werden[29].

Transkriptionssysteme und ihre Restriktionen

Da sich die qualitative Transkription u.a. dadurch von der quantitativen Unterscheidet, dass diese ihren Fokus darauflegt, wie etwas gesagt wurde, eröffnen sich hierdurch völlig neue Phonetischen und Phonologische Möglichkeiten des Verstehens. Natürlich sorgt dies dafür, dass die einfache Transkriptionsregeln der Formatierung wie sie in der quantitativen Forschung Anwendung finden hier nicht mehr ausreichen, stattdessen benötigt man Regeln die Intonation betreffend, gemeint ist die Betonung betreffend. Diese Regeln müssen in ihren Geltungsbereich folgende neue Überlegungen mit einbeziehen. Die Beachtung der Pausen und zwar auf die Sekunde genau, mögliche Sprechüberlappungen, Wortabbrüche und Verschleifungen, sowie Letzens eine exakte Darstellung des Gesprochenen was auch die Dialekte inkludiert[30]. Folgende optionale

---

[27] Vgl. Döring et al. (2016), 11. Kapitel 3. Absatz
[28] Vgl. Mayring (1985), S. 197
[29] Vgl. Kuckartz, (2014), S. 133
[30] Vgl. Dressing, T. Pehl, T. (2015), S. 26

Transkriptionsmöglichkeiten können nach Kuckartz mit in die Überlegungen Fließen. Angefangen bei offensichtlichen Aspekten wie z.b. der Betonung, Lautstärke was auch die oben bereits angeführte Intonation mit einbezieht, kann es dann, wenn optional erwünscht, detaillierter werden. So können auch Gestikulation, Mimik oder Paraverbale Äußerungen mit einbezogen werden. Zu Letzt bleibt nur zu erwähnen, dass die Transkription ein sehr aufwendiges Unterfangen ist und deswegen einfache Transkriptionssysteme, meist vollkommend ausreichend sind[31]. Wie oben erwähnt, ist die Transkription jedoch mit der Datenaufbereitung noch nicht abgeschlossen, im nächsten Schritt werden die qualitativen Daten, also mit dem Ziel des Verstehens von Bedeutung hin ausgewertet.

Historischer Bezug der Qualitativen Transkription

Nun ist die Qualitative Inhaltsanalyse ein relativ neues Analyseverfahren, welches mitunter durch Mayring in den 1989ern in Form der qualitativen Wende ein breites Spektrum an Anhängern fand, Ursachen hierfür war der Bruch des rein quantitativen Denkens in den Sozialwissenschaften, womit die sofortige statistische Erfassung eines meist nicht verstandenen Gegenstandes gemeint ist[32]. Jedoch versuchten Menschen schon Immer einen Sinn aus dem transkribierten zu ziehen, so werden die Wurzeln des qualitativen Denkens oft auf Aristoteles (384-322v.Chr.) zurückgeführt[33]. Eine der ersten Möglichkeiten bestand in der Anwendung der klassischen Hermeneutik, dieses vorerst im theologischen und juristischen Kontext entstandenen und als Lehre der Auslegung verbindlicher Texte zu verstehendes Verfahren, erfuhr schon unter Einbezug der dogmatischen Hermeneutik, z.b. bei der Durchsuchung der Bibel nach Handlungsanweisungen Anwendung. Ein anderes Verfahren, welches unter heutigen qualitativen Maßstäben zwar unter großer Kritik, dennoch zum Teil Anwendung in den Sozialwissenschaften findet ist die objektive Hermeneutik, die sich aus der klassischen Hermeneutik als spezielle Variante im 19 Jahrhundert in den Geisteswissenschaften entwickelte, da die klassische Hermeneutik als Kunstlehre abgetan, keine Vermittlung in

---

[31] Vgl. Kuckartz, U. (2014), S.135; Hussy, W. et al. (2014), S. 247
[32] Vgl. Mayring, P. (2016), S.9
[33] Ebd. (2016), S. 12

den wissenschaftlichen findet. Diese Klassische Hermeneutik stellt die Ältesten Methode zum Verstehen von Bedeutung dar.[34]

A3 (40 Punkte, Umfang: ca. 6-7 Seiten)

Erläuterung der Notwendigkeit und Relevanz von Gütekriterien in der qualitativen Forschung. Ausführliche Darstellung der aus meiner Sicht relevantesten Gütekriterien und Anwendung dieser im Rahmen der qualitativen Inhaltsanalyse als mögliches Auswertungstool für qualitative Interviewdaten.

Bedeutung der Gütekriterien in der qualitativen Forschung

Flick erwähnt, dass es keine einheitlichen Gütekriterien gibt, die in gleichem Maße für die quantitative und qualitative Forschung zum Einsatz kommen können, dieser Umstand ist einem Innerhalb der Sozialforschung stattfindenden Methodenstreit geschuldet[35]. Durch die wachsende Anerkennung und den damit simultanen Anstieg an Benutzern der letzten Dekaden, verlangte die qualitative Forschung nach verbindlichen allgemein gültigen Qualitätskriterien, um einen auch für dritte als Narrativ zu verstehenden Referenzpunkt zu besitzen, was es Forschenden ermöglicht, gute Studien von Schlechten zu differenzieren. Eine Relevanz kann somit direkt ua. im Forschungs ökonomischen Kontext gefunden werden, so muss es Forschenden meist gelingen potenzielle Auftraggeber, sowie Entscheidungsträger von der Tragfähigkeit einer qualitativen Evaluationsstudie zu überzeugen, denn Forschung kostet nun einmal halt Geld[36]. Diese Notwendigkeit bzw. Relevanz der Gütekriterien in der qualitativen Forschung, sieht Reichertz in der Erlangung dringend benötigtem Symbolischen Kapital, bezogen auf die qualitativen Erhebungen als Wissenschaftliches verfahren an sich. So muss sich diese bereits seit ihrem Beginn, gegen die quantitative Forschung mit ihren bereits gängig etablierten Methoden als ebenbürtig, wenn nicht dem Umstand die jüngere Forschungsrichtung zu sein, sogar behaupten. Dabei wurden schon zu Beginn ihr gesamt wissenschaftliches Konzept in Frage gestellt, dies bezog natürlich auch die Ergebnisse was Fragen zur allgemeinen Gültigkeit und Zuverlässigkeit der Erhebungen befeuerte. Kritik musste die qualitative Forschung derweilen genug ertragen, so legten Kritiker vor

---

[34] Hussy, W. et al. (2013), S.249
[35] Flick, U. (2011), S. 109; Aguado, Heine, L. Schramm, K. (2013), S.147
[36] Vgl. Döring, et al. (2016), 3 Kapitel. 3.1. Absatz

allem ein Augenmerk auf die Intersubjektivität, Standardisierbarkeit und Replizierbarkeit[37]. Wobei es heut zu Tage etwa nicht darum geht, dass diese Methode in der Praxis keine Anwendung finden, tatsächlich gibt es eine Fülle an qualitativen Erhebungen, problematisch ist nur, dass diese gerade manchmal dilettantisch anmutenden Untersuchungen die Forschungswelt überziehen, wobei leider oft mehr schlechte als rechte Geltungskriterien herangezogen werden.[38]

Explikation mit Bezug auf Gütekriterien im Bereich der Qualitativen Forschung

In der Literatur gibt es verschiedene Ansätze, die Zusammensetzung und Gestaltung von Objektiv gültigen Gütekriterien, betreffend deren Relevanz, sowie generelle Notwendigkeit im Rahmen der qualitativen Forschung[39]. Die hierdurch angestoßene Kontroverse vollzieht sich der Tatsache geschuldet, dass Diskussionen auf Grundlage der Auseinandersetzung über die Gültigkeit qualitativer Forschung, die konstruktivistischen Grundpositionen, also der Methologie sowie Methoden an sich repräsentieren, dh. das diese den besonderen Ansprüchen des daraus resultierendem Verhältnis von Erkenntnis und Realität genügen müssen, ohne dabei auf ein in der Realität fest verankertes Referenzsystem angewiesen zu sein, so Freikamp[40]. Der erste der Drei Ansätze vertritt die Position, dass es generell nicht möglich ist Kriterien zur Beurteilung von Güte im Bereich der qualitativen Forschung zu formulieren, da die Subjektivität Realität des Forschenden immer ein ausschlaggebendes von ihm selbst mit erschaffen wird[41]. Diese stark am Konstruktivismus angelehnte Grunddisposition, scheint im Verhältnis eine etwas extreme Ausprägung zu besitzen, da man diesem Leitfaden folgend, letztlich bei der von Feyerabend erwähnten Grundhaltung (Everything goes) angelangt. Legewie vertritt diesbezüglich die Theorie, dass es wissenschaftlich nicht sinnvoll ist sich ausschließlich an Konsensztheorien der breiten Masse zu orientieren um den effizienten Forschungsprozess nicht zu untergraben und somit das breite Spektrum der Wissenschaftler eher dazu neigt einen gemäßigten Konstruktivismus zu pflegen um den Forschungsprozess als soziale Konstruktion zu gestalten und ein auch wenn

---

[37] Vgl. Reichertz, J. (2000), 7. Kapitel 1. Absatz
[38] Vgl. ebd. (2000), 7. Kapitel 1. Absatz
[39] Vgl. Steinke, I. (2008), S. 319-321
[40] Vgl. Freikamp, U (2008), S. 215
[41] Vgl. Denzin, N.K. (1990), S. 231

16

unterschiedlich diskutiert, zumindest gemeinsamen Narrativ zu haben war ein Kolloquium mit Kollegen erst ermöglicht[42]. Flick diskutiert in diesem Kontext durch seinen 1999 erschienen Ansatz in erster Linie die aus den empirischen Sozialforschungen bereits bekannten quantitativen Gütekriterien, wie z.b. Reliabilität oder Validität neu zu bestimmen oder im Rahmen der Geltungsbegründung neu zu definieren. So macht er aus der Reliabilität kurzerhand die Prozedurale Reliabilität, was den Sinn beinhält eine klare Trennlinie zwischen den generierten Daten und der Interpretation einzuführen. Im Weiteren soll die Vergleichbarkeit der Vorgehensweise verschiedener Interviewer sichtbar gemacht werden, was erweitere Transkriptionsregeln, wie auch die Prozessweise Schulung der Forschenden und angemessene Reflexionsverfahren, praktisch inkludiert. Im Weiteren soll mit der Validität genauso verfahren werden, Flick sieht im Prozedere die Antwort auf eine möglichst hohe Güte, wobei es in Interviews vor allem darum geht eine möglichst hohe Authentizität zu erreichen (Analyse der Interviewsituation)[43]. Mayring rät 1996 in diesem Zusammenhang also noch vor dem Erscheinen von Flicks Ansatzes, zu folgenden sechs Kriterien, welche eine Kombination aus der Methodenspezifischen Gütekriterien zusammen mit allgemeinen Überlegungen ableitet. Verfahrensdokumentation, Argumentative, Interpretationsabsicherung, Regelgeleitetheit, Nähe zum Gegenstand, Kommunikative Validierung und Triangulation[44]. Steinkes Ansatz, welcher als letzterer zur obigen Konkurrenz im Jahre 2000 publiziert wurde, postuliert die Beachtung von Kernkriterien. Diese waren jedoch unter der Bedingung ein zu setzen, dass man sie Situation, also untersuchungsspezifisch, je nach Anwendung konkretisieren sollte. Zu diesen zählen die Intersubjektive Nachvollziehbarkeit, die Indikation des Forschungsprozesses, eine gewisse Empirische Verankerung, die Limitation, eine Untersuchung auf bestehende Kohärenten, Das Kriterium der Relevanz bezüglich des pragmatischen Nutzens, sowie reflektierte Subjektivität, um die zwangsläufig entstehenden Umgebungsvariablen zu determinieren[45].

---

[42] Vgl. Legewie, H. Transkript 12. Vorlesung kein Jahr. S. 2
[43] Vgl. Motschnig, R. (2012), 1. Kapitel 1-2. Absatz
[44] Vgl. Mayring, P. (2010), S.118; ebd. (2002), S.144-145; Motschnig, R. (2012) 3. Kapitel 1-6. Absatz
[45] Vgl. Steinke, I. (2008), S. 324-326; Motschnig, R. (2012), 2. Kapitel 1-8. Absatz

Einer der bekanntesten Ansätze zur Aufstellung von qualitativen Gütekriterien stammt von Lincoln und Guba, dieser orientiert sich an den bereits aus der quantitativen Forschung bekannten, fest etablierten Messgrößen[46]. Döring verweist hierbei auf das von ihnen übergeordnete Kriterium der Glaubwürdigkeit (Trust-Worthiness), welches dazu dient das Publikum von der Aussagekraft der erhobenen Daten zu Überzeugen. Hierfür untergliedern sie das Konstrukt Glaubwürdigkeit, in vier verschiedene sub-Dimensionen. Jede der Sub-Dimensionen, besitzt einen Pedanten zu den bereits aus der quantitativen Forschung bekannten und fest etablierten Gütekriterien[47].

Qualitatives Kriterium	Quantitatives Pendant
Vertrauenswürdigkeit (Glaubwürdigkeit)	Interne Validität
Übertragbarkeit (Verallgemeinerbarkeit)	Externe Validität
Zuverlässigkeit	Reliabilität
Bestätigkbarkeit (Nachvollziehbarkeit)	Objektivität

Tab. 3 Quelle: eigene Darstellung in Anlehnung an Döring 3. Kapitel 3.2- 3.3 Absatz

Kuckartz et al. verweist auf die besondere Wichtigkeit welche der Glaubwürdigkeit im Rahmen der qualitativen Inhaltsanalyse zukommt, denn hier sind parallelen zur Erhebung der externen Validität zu ziehen, wie sie auch im Rahmen Quantitativer Erhebungen zu deuten ist, nämlich als Voraussetzung für letzteres zu gelten[48]. „Für die Inhaltsanalyse als einem Verfahren zur Auswertung qualitativer Daten sind naturgemäß primär Kriterien interner Studiengüte zu formulieren, während die Übertragbarkeit und Verallgemeinerungsfähigkeit stärker von der gesamten Anlage der qualitativen Studie, ihrem Design und dem gewählten Auswahlverfahren beeinflusst werden. Ähnlich wie bei den klassischen Gütekriterien interne und externe Validität ist davon auszugehen, dass die interne Studiengüte eine notwendige Vorbedingung für die externe Studiengüte ist"[49]. Das Kriterium der Externen Validität, halten Lincoln und Guba im Kontext der qualitativen naturalistischen Feldforschung für ungeeignet, dabei verwiesen sie darauf, dass Soziale Phänomene, ähnlich den Phänomenen von Naturereignissen von zeit-sowie Kontextunabhängigen „rules of nature" bestimmt werden. Da es im Sozialwissenschaftlichen Bereich jedoch keine deterministisch, Kontextfreien

---

[46] Vgl. Ornau, F. (2014), 5. Kapitel 1. Absatz
[47] Vgl. Döring, N. Bortz, J. (2016), 3. Kapitel. 3.2. Absatz
[48] Vgl. Kuckartz, U. (2016), S.167
[49] Ebd. (2014), S. 167

Phänomene gibt, macht es nach ihnen auch keinen Sinn, einer grundsätzlichen Forderung von Verallgemeinerung zu entsprechen so Kelle, Kluge und Prein[50]. Die Unterteilung von Populationen in homogene Schichten, um die verallgemeinernde Präzision eines statistischen Effektes zu erhöhen welcher durch die Angleichung von Kontexten erreicht wird, sollte nach Lincoln und Guba somit der Frage nach der Übertragbarkeit sowie Anwendbarkeit weichen, was die zentrale Fragen inkludiert, in wie weit sich gefundene Ergebnisse auf andere übertragen bzw. in anderen Kontexten übertragen lassen[51]. Bei den Kriterien der Bestätigbarkeit handelt es sich um eine Anlehnung an die Objektivität, welche jedoch anders als im quantitativen Kontext, sich nicht auf die Sicherstellung der Unabhängigkeit des Forschenden samt Forschungskontext, sondern auf die Ergebnisse der qualitativen Forschung, samt ihrer Nachvollziehbarkeit in Form der Dokumentation bezieht[52]. Da anders als bei der quantitativen Forschung, keine standardisierten Verfahren eingesetzt werden, sondern diese meist an den zu untersuchenden Forschungsgegenstand angepasst- nicht selten sogar neu entwickelt werden müssen, gilt es hier umfangreich zu dokumentieren, dh. je besser der gesamte Prozess für Dritte mittels Dokumentierten Maßnahmen nachvollziehbar ist, desto besser[53].Die Reliabilität bleibt wie auch die einfache Objektivität im qualitativen Bereich eine zu bezweifelndes Gütekriterium. Ursache hierfür ist, dass die Reproduzierbarkeit eines qualitativen Aufbaus, meist nicht im Fokus liegt, deshalb wurde diese durch den Begriff Verlässlichkeit (dependability) ersetzt. Diese bezieht sich daher auf die Klassifizierung des Textfadens samt den dazugehörigen Auswertungskategorien, was ihre Messbarkeit unmittelbar auf Exaktheit und Widerspruchsfreiheit des Codierleitfadens, ferner deren richtiger Anwendung ausrichtet[54]. Der Begriff Intercoder-reliabilität, welcher oft im Zusammenhang von Gütekriterien bezogen auf die qualitative Inhaltsanalyse Anwendung findet, meint die Übereinstimmung der Codierung verschiedener Forscher untereinander. Dabei soll nach Kühne zu einem Reliabilitätstest mehrerer Forscher untereinander kommen, um Inkonsistenzen bei der Codierung zu vermeiden[55]. Konkret lässt sich die Interrater-Reliabilität mittels Cohens Kappa ermitteln, wobei es in einem Nominalskalenniveau zu einer Wertevergabe zwischen+1 und 0 kommt, welche auf dem Ausmaß der

[50] Vgl. Kelle, U. Kluge, S. Prein, G. (1993), S. 23 nach Lincoln Guba (1985), S. 114, 297
[51] Vgl. Ebd. (1993), S. 24
[52] Vgl. Raake, A. (2008), S. 129-131
[53] Vgl. Aguado, Heine, L. Schramm, K. (2013), S.148
[54] Vgl. Raake, A. (2008), S.131; Hussy, W. (2013), S. 278
[55] Vgl. Kühne (2013), S. 36

Übereinstimmung durch Einbezug und Vergleich durch zufälliges Einschätzen beruhen[56].
Sinn des von Lincoln und Guba aufgestellten Konstruktes der Glaubwürdigkeit, ist es
nach ihnen nicht, die Forderung einer konsistenten und plausiblen Darstellung der
Forschungsergebnisse, als solche in den Mittelpunkt zu stellen. Kelle Susann und Prein
erwähnen in diesem Zusammenhang, dass sich das Publikum lediglich auf die
Anwendung postulierter Kriterien im zu erforschenden Kontext verlassen kann, z.b.
Überprüfung der Forschungshypothesis durch mehrfach Befragung. Da diese Prüfung
auch bei quantitativen statistischen Erhebungen Anwendung findet, Fragen sich Kelle et
al. ob es überhaupt gerechtfertigt ist den Begriff der Glaubwürdigkeit, als alternatives
Gütekriterium in die qualitative Sozialforschung ein zu führen, da dies allgemein zur
Verwirrung führt. Ein letzter Kritikpunkt sehen sie darin, dass es der quantitativen
Forschung so unter anderem passieren könnte Falsche Werte, (Potemkinscher Dörfer)
durch Einbezug einer generischen Güte, richtig dar zu stellen[57].

Resümee der Gütekriterien zur Auswertung von qualitativen Inhaltsanalysen

Die Prüfung von Fallspezifischen Gütekriterien ist nach Ornau kein einmaliges verfahren,
welches lediglich bei der Auswertung zu tragen kommt, sondern im gesamten
Forschungsprozess zur Genüge mit ein zu beziehen ist. Da sich die Reflexion des eigenen
kritischen Vorgehens, nicht mit den aus der quantitativen Forschung bekannten Validität,
Objektivität und Reliabilität in ihren Klassischen Varianten vollziehen lässt, ist es somit
um einiges komplexer[58]. Wenn von der Auswertung gesprochen wird, dann ist an dieser
Stelle auf das oben erläuterte Triumvirat bestehend aus (Transkription, Analyse und
Systematisierung der Ergebnisse einer Analyse) zu denken[59]. Konkrete
Handlungsmaßnahmen von Lincoln und Guba um nachhaltig die Güte der qualitativen
Inhaltsanalyse zu verbessern, finden sich nach Flick in einer Hand von ihnen propagierten
Strategien, diese Strategien beinhalten u.a. ein verlängertes Engagement im Feld,
ausdauernde Beobachtungen und Triangulation von verschiedenen Methoden, Forscher
und Datensorten. Auch Peer debriefing-Methoden kommen bei ihrem Konzept zum
Einsatz, Membercheks, sind ebenfalls Teil einer Güteerhaltenden Strategie[60]. Mayring

---

[56] Vgl. Aguado, K. et al. (2013), S. 149 nach Wirtz und Caspar (2002)
[57] Vgl. Kelle, et al. (1993), S.23
[58] Vgl. Ornau, F. (2016), 5. Kapitel 4. Absatz
[59] Vgl. Hussy, W. et al. (2013), S. 245
[60] Vgl. Flick, U. (2005), S. 198

erwähnt diesbezüglich, dass das Verfahren prinzipiell nachvollziehbar sein möchte, wobei es ein tendenzielles Interesse gibt, durch die Benutzung des Triangulationsansatzes, Studien nicht nur vergleichbar zu machen, sondern auch Reliabilitätsprüfend zu gestalten[61]. von Daher wurden Strategien entwickelt um im Rahmen der Qualitativen Inhaltsanalyse, die Einhaltung der oben genannten, speziellen Gütekriterien zu sichern (Qualitätssicherung). Ein klarer Vorteil der Strategien der Qualitätskriterien hin zu den oben Erläuterten Kriterien der Güte ist nach ihnen ein Breiteres Anwendungsspektrum, da sich die Gütekriterien lediglich auf die Datenerhebung und Auswertung beschränkende Anwendung finden, die Strategien jedoch als komplettes Paket das gesamte Spektrum abdecken -vom Forschungsdesign, bis zur Publikation. Staub, K.V. Galle, M. Stebler, R. und Reusser, K. So kommt es nach ihnen zur unterschieden zwischen der Produktionsorientierten und der Prozessorientierten Qualitätssicherung[62].

Anwendung der Techniken auf den Evaluations Bereich einer qualitativen Inhaltsanalyse

Ein sehr bekanntes Verfahren, das seinen Ursprung in der Landvermessung hat, nun jedoch zur Verbesserung der Qualität bezogen auf die Güte qualitativer Forschung sorgt, nennt sich Triangulation. Darunter versteht Hussy, et al. „im weiteren Sinne versteht man das Einnehmen unterschiedlicher Perspektiven auf denselben Forschungsgegenstand. In der Methodenliteratur und auch im vorliegenden Kontext bezeichnet Triangulation die Erhebung von Daten zu einem Gegenstand unter Anwendung von (mindestens) zwei verschiedenen Methoden[63]". Wobei die Investigatriangulation (Investigator-Forschenden- Triangulation) eine der vier von Denzin 1970 definierten Varianten darstellt, diese zeichnet sich im Bereich der qualitativen Forschung u.a. durch den Einsatz unterschiedlicher Beobachter oder Interviewer aus. Im speziellen Fall der qualitativen Inhaltsanalyse ist es so, dass bei der Datenauswertung, die Arbeit von zwei oder mehreren Kodierer herangezogen wird, um eine höhere externe Validität (Übertragbarkeit) zu erzielen[64]. Eine andere Triangulationstechnik, nennt sich Methodentriangulation, dank

---

[61] Vgl. Mayring, P. (2000), S. 3. Kapitel 4. Absatz
[62] Vgl. Staub, K.V. Galle, M. Stebler, R. und Reusser, K. (2019), 2. Kapitel 4. Absatz
[63] Hussy, et al. (2013), S. 289
[64] Vgl. Mey, G. Ruppel, P. S. Vock, R. 2. Kapitel 2. Absatz; Kuckartz, U. (2014), S. 169

dieser ist es möglich, qualitative Daten z.b. Textfragmente oder Stichwörter, mittels dimensionaler Analyse in quantitative Zahlenwerte zu transformieren, dies ist vor dem Hintergrund der steigenden anwendungszahlen von QDA-Software, Atlas, MAXQDA und NVivo natürlich ein immenser Vorteil, da man die erhobenen Daten somit statistisch absichern kann[65]. Ein Ausgedehnter Aufenthalt im Feld, kann ebenfalls dazu beitragen Fehlinterpretationen bei der Analyse des Materials zu vermeiden so Kuckartz.[66]

Anhang mit Leitfrageninterview

Halbstandardisiertes Interview zur Erfassung des Konstruktes Orientierungsbedürfnis

Die Begrüßung und Informationen

Guten Tag, ihnen schon einmal vielen Dank im Vorhinaus für ihr Erscheinen, da sie hier sind gehe ich vorerst davon aus, dass sie willens sind an der halbstandardisierten Befragung zur Erfassung des Konstruktes Orientierungsbedürfnis, teil zu nehmen. Vorab Informationen zur Dauer und Benutzung ihrer Daten. Die Dauer des Interviews wird auf ca. 60 Min. angesetzt, wobei ich ihnen versichern möchte, dass ihre Daten standardisierte Anonymisierungsverfahren, aus Forschungsethischen Gründen eine. Bitte beachten sie, dass sie zu diesem Zweck auditiv aufgenommen werden, diese Daten werden dann anschließend transkribiert. Aus Forschungspraktischen Gründen wird auf ein Video Setting verzichtet. Falls sie Fragen in irgendeiner Hinsicht unangemessen finden, dann schauen sie sich bitte nicht ihren Interviewer darauf aufmerksam zu machen. In diesem Fall wird die Frage übersprungen, dies hilft auch uns eine genauere Auswertung der Daten zu gewährleisten. Für den Fall, dass Sie auf eine Frage keine Antwort wissen, wird der Interviewer mittels Nachfragen versuchen den Informationsfluss aufrecht zu erhalten. Wobei er sich jedoch an allgemein anerkannte Regeln der Fragenformulierung und Ethischen Vertretbarkeit zu halten hat. Ziel der Untersuchung ist ein genaueres Bild von Ihrem Konsumverhalten zu bekommen, dazu ist es für uns wichtig herauszufinden in welchem Ausmaß sie sich wo, in welchem Umfang, von wem leiten lassen. Es geht uns darum zu evaluieren, mit welchen Thematiken sie sich beschäftigen, ob sie dabei auf

---

[65] Vgl. Steinke, I. (2007), S. 276
[66] Vgl. Kuckartz, U. (2014), S. 169

Fakten Wert legen und wie sehr sie sich bei einer Recherche auf Kommentare von Dritten verlassen.

Formaler Teil

Name (Vornahme, Zweitnahmen Nachnahme)	Dat. (xx.xx.xx)
Alter (xx.xx.xx)	Ort/Plz......
Strß/Hn	tel/mobil.......
Beginn der Befragung	Ende der Befragung

Im Rahmen der Befragung festgelegte Zeitliche Entschädigung in EUR: X

Spezieller Teil

Einführende Fragen Wie geht es ihnen? War die Fahrt angenehm? Können wir starten?

Hauptfragen gemäß dem Leitfaden

Dimension 1 Orientierungsbedürfnis nach Themen

1. Bitte erzählen sie mir wie wichtig es für sie ist, sich über aktuelle Trends auch bekannt als must haves, informiert zu bleiben?

2. Für was für Themen interessieren sie sich denn? Bitte priorisieren sie diese?

3. Wie bestrebt sind sie, an die tägliche aktuellen Informationen und Themen zu gelangen?

Dimension 2 Orientierungsbedürfnis nach Fakten

3. Beziehen sie Ihre Informationen aus ggf. Mehreren als einer Quelle? Wenn ja, welche wären das?

4. Welche Quellen beziehen sie ein ? haben diesen empirischen Charakter, entsprechen sie dem Mainstream oder kann man diese als umstritten betiteln?

5. Reicht es ihnen ein Thema oberflächig zu erkunden, an zu kratzen oder benötigen sie Detaillierte Informationen, gehen sie in die Tiefe?

6. Wie erwarten sie von Ihren Quellen bezüglich der detaillierten Informationen betreffend den Hintergrund, Kontext einer Thematik versorgt zu werden?

Dimension 3 Orientierungsbedürfnis nach Bewertungen

7. Wie hoch schätzen sie das Ausmaß ein, in welchem sie Kommentare mit in ihre Urteilsbildung einbeziehen?

8. Nach welchen Kriterien Priorisieren sie die Relevanz der Kommentare?

9. Bezogen auf ihr oben gewähltes Thema wie qualifiziert empfinden sie Journalisten, um über diese Thematik zu berichten, finden sie, dass diese mit genügend Tiefgang berichten?

Schluss mit Danksagung, Hinweise

Wir bedanken uns recht herzlich für ihre Teilnahme

Einverständniserklärung.　　　Im Rahmen der Untersuchung erkläre ich mich hiermit bereit meine Daten zur Auswertung zur verfügung zu stellen

Unterschrift: Hier setzen.

Literaturverzeichnis

Bacher, J. Howarth, I. (2011), Einführung in die Qualitative Sozialforschung 1. Teil
(Hrsg.) Johannes-Kepler-Universität, Linz.
https://www.jku.at/fileadmin/gruppen/119/AES/Lehre/Bacc-
Pruefung/SkriptTeil1ws11_12.pdf

Dresing, T. Pehl, T. (2015), Praxisbuch Interview, Transkription & Analyse.
Anleitungen und Regelsysteme für qualitativ Forschende. 6. Aufl. (Hrsg.) Eigenverlag
Marburg. Quelle: www.audiotranskription.de/praxisbuch ISBN 978-3-8185-0489-2
Zugriff am 15.6.2020

Döring, N. (2014), Stichprobe in M. A. Wirtz- Dorsch Lexikon der Psychologie 17.
Aufl. (Hrsg.) Hogrefe Verlag, Bern.

Döring, N. Bortz, J. (2016), Forschungsmethoden und Evaluation in den Sozial- und
Humanwissenschaften 5. Aufl. (Hrsg.) Springer- Verlag, Berlin. ISBN 978-3-642-
41089-5 DOI 10.1007/978-3-642-41089-5

Flick, U. (2005), Standards, Kriterien, Strategien: zur Diskussion über Qualität
qualitativer Sozialforschung. In: Zeitschrift für qualitative Bildungs-, Beratungs- und
Sozialforschung 6 2, pp. 191-210. URN: http://nbn-resolving.de/ urn:nbn:de:0168-
ssoar-278199

Flick, Uwe (2011): Triangulation Eine Einführung. Wiesbaden: VS Verlag für
Sozialwissenschaften / Springer Fachmedien Wiesbaden, Wiesbaden. ISBN 978-3-531-
92864-7 DOI 10.1007/978-3-531-92864-7

Freikamp, U. (2008), Kritik mit Methode (Hrsg.) Universität Trier
https://kp-trier.de//uploads/Freikamp.pdf Zugriff am 18.6.2020

Göhner, M. Krell, M. (2020), Qualitative Inhaltsanalyse in
naturwissenschaftsdidaktischer Forschung unter Berücksichtigung von Gütekriterien:
Ein Review (Hrsg.) Zeitschrift für Didaktik der Naturwissenschaften
https://doi.org/10.1007/s40573-020-00111-0 Zugriff am 20.6.2020

Glaser, B. G. Strauss, A. L. (1999), The discovery of grounded theory 8.Aufl. Chicago: Aldine.

Halbmayer, E. Salat, J. (2011), Qualitative Methoden der Kultur- und Sozialanthropologie (Hrsg.) Institut für Kultur- und Sozialanthropologie, Universität Wien https://www.univie.ac.at/ksa/elearning/cp/qualitative/qualitative-8.html Zugriff am 16.6.2020

Hussy, W. Schreier, M. Echterhoff, G. (2013), Forschungsmethoden in Psychologie und Sozialwissenschaften für Bachelor 2. Aufl. (Hrsg.) Springer-Verlag, Berlin, Heidelberg ISBN 978-3-642-34361-2 DOI 10.1007/978-3-642-23262-9

Kelle, U. Kluge, S. Prein, G. (1993), Strategien der Geltungssicherung in der qualitativen Sozialforschung- Zur Validitätsüroblematik im interpreataiven Paradigma (Hrsg.) Der Vorstand des Sfb. 186 Bremen 1993 / Universität Bremen Sonderforschungsbereich 186

Kruse, J. (2014), Qualitative Interviewforschung: Ein integrativer Ansatz. 1 Aufl. (Hrsg.) Beltz, Juventa. ISBN 978-3779929017 DOI 10.17877/DE290R-7270

Kuckartz, U. Dresing, T. Rädiker, S. Stefer, C. (2008), Qualitative Evaluation- Der Einstieg in die Praxis 2. Aufl. (Hrsg.) Vs Verlag für Sozialwissenschaften, Wiesbaden. ISBN 978-3-531-15903-4 DOI 10.1007/978-3-531-91083-3

Kuckartz, U. (2014), Qualitative Inhaltsanalyse. Methoden, Praxis, Computerunterstützung Grundlagentexte Methoden 9. Aufl. (Hrsg.) Beltz Verlag, Juventa. ISBN 978-3779939333

Kühne, R. (2013), Konzeptspezifikation und Messung. In: Möhring, W. und Schlütz, D. (Hrsg.) Handbuch standardisierte Erhebungsverfahren in der Kommunikationswissenschaft. Wiesbaden: Springer VS, S. 23–40. ISBN 978-3-531-18776-1

Legewie, H. (sic). 12. Vorlesung: Gütekriterien und Qualitätssicherung qualitativer Methoden (Hrsg.) Technische Universität-Berlin. http://webcache.googleusercontent.com/search?q=cache:wc9tUpTHtjoJ:www.ztg.tu-berlin.de/download/legewie/Dokumente/Vorlesung_12.pdf+&cd=4&hl=de&ct=clnk&gl =de&client=safari

Ludwig-Mayerhofer, W. (2005), 7. Vorlesung: Qualitative Interviewverfahren im Modul Empirische Methoden I (Hrsg.) Universität, Siegen. https://www.uni-siegen.de/phil/sozialwissenschaften/soziologie/mitarbeiter/ludwig-mayerhofer/methoden/methoden_downloads/methoden_i_7.pdf Zugriff am 14.06.2020

Mayring, P. (2000), Qualitative Sozialforschung/ Forum: Qualitative Social Research, Vol 1, No 2 http://www.qualitative-research.net/index.php/fqs/rt/printerFriendly/1089/2383

Mayring, P. (2002), Qualitative Sozialforschung 5.Aufl. (Hrsg.) Beltz. ISBN 978-3407252524

Mayring, P. (2016), Einführung in die qualitative Sozialforschung 6. Aufl. (Hrsg.) Beltz, Verlag, Weinheim Basel. ISBN 978-3-407-25734-5

Merkens, H. (1997), Stichproben bei qualitativen Studien. In Friebertshäuser, B. Prengel, A. (Hrsg.), Handbuch Qualitative Forschungsmethoden in der Erziehungswissenschaft (S. 97-106). Weinheim, München, Juventa. ISBN 978-3-7799-0799-2

Mey, G. Ruppel, P. S. Vock, R. https://studi-lektor.de/tipps/qualitative-forschung/triangulation-mixed-methods.html

Raake, A. (2008), Strategisches Performance Measurement: Anwendungsstand und Gestaltungsmöglichkeiten am Beispiel des öffentlichen Personalverkehrs 5. Band (Hrsg). LIT Verlag Münster ISBN 978-3-8258-1362-8

Reichertz, J. (2000), Zur Gültigkeit von Qualitativer Sozialforschung Vol. 1, No. 2, Art. (Hrsg). Qualitive Social Research Forum http://www.qualitative-research.net/index.php/fqs/article/view/1101/2427

Reinhardt, R. Ornau, F. (2015), Interviewtechnik Titel -Nr. 1002-02. 2. Aufl. (Hrsg.)
SRH Fernhochschule The Mobile University, Riedlingen.

Ornau, F. (2014), Inhaltsanalyse Titel -Nr. 1141-01. 1. Aufl. (Hrsg.) SRH
Fernhochschule The Mobile University, Riedlingen.

Steinke, I. (2007), Die Güte qualitativer Marktforschung. In: Buber, R./Holzmüller, H.
M. Qualitative Marktforschung: Konzepte – Methoden- Analysen (Hrsg.) Gabler,
Wiesbaden, S. 261-283 ISBN 978-3834902290 DOI 10.1007/978-3-8349-9258-1

Steinke, I. (2008), Gütekriterien qualitativer Forschung. In: Flick, U./Kardoff, E. v.
Steinke, I. Qualitative Forschung: Ein Handbuch. 6. Aufl. (Hrsg.) Rowohlt.
Taschenbuch-Verl. bei Hamburg. ISBN 9783499556289

Straub, K. V. Galle, M. Stebler, R. Reusser, K. (2019), Qualitätssicherung bei qualitativ
inhaltsanalystischen Verfahren in großen Forschungsgruppen: Herausforderungen und
Möglichkeiten in der Forschungspraxis am Beispiel der perLen- Studie 20. Aufl.
http://www.qualitative-research.net/index.php/fqs/article/view/3391/4499

BEI GRIN MACHT SICH IHR
WISSEN BEZAHLT

- Wir veröffentlichen Ihre Hausarbeit,
  Bachelor- und Masterarbeit

- Ihr eigenes eBook und Buch -
  weltweit in allen wichtigen Shops

- Verdienen Sie an jedem Verkauf

Jetzt bei www.GRIN.com hochladen
und kostenlos publizieren